AF562541

TRADUCTION ABRÉGÉE

DU

MIROIR D'ARCADIE,

Opéra héroï-comique Allemand en quatre actes et en prose,

MUSIQUE DE SYSMEIER;

AVEC grand nombre de changemens de décorations.

Représenté à Paris, pour la première fois, sur le Théâtre de Mozart, Salle de la Cité, le 8 Frimaire an X.

PRIX : 30 centimes.

A PARIS,

CHEZ { DUVERGER-VILLENEUVE fils, Imprimeur, au Théâtre de la Cité.
Et chez les marchands de Nouveautés.

AN X. — 1801.

AVERTISSEMENT.

Le goût des Nations étant différent comme leur climat et leurs mœurs, une seule, quelque grande et éclairée qu'elle soit, ne pourroit demander, sans injustice, que les autres se formassent entièrement d'après elle. L'Anglais préfère sur son théâtre le sérieux; et si le Français parlait l'anglais aussi bien que l'orateur, ou l'artiste le plus célèbre de l'Angleterre, il n'y plairoit pas, à moins qu'il eût adopté le caractère de ces insulaires. On hueroit également un Anglais s'il hasardoit de jouer le rôle d'un amant sur la scène Française. L'Allemand tient le milieu entre ces deux nations; et quoique sa déclamation et ses gestes soient le contraste de ceux des Français et des Anglais, il ne joue pas moins naturellement qu'eux, parce qu'il exprime ses sentimens et ses passions comme tous ses compatriotes les expriment. Beaucoup de Français, après avoir étudié le caractère des Allemands en Allemagne même, et après avoir fréquenté leur spectacle, y ont été très-indulgens; c'est pourquoi on espère de cette nation éclairée qu'elle usera, à cet égard, dans sa capitale, de sa politesse et de son indulgence, généralement connues chez l'Etranger.

On auroit bien tort de vouloir juger ce dramatique Allemand des paroles et même du dénouement de leurs opéras, la plupart desquels ayant une musique sublime, tandis que les paroles, et très-souvent les sujets, sont semblables à ceux de beaucoup d'opéras italiens, c'est-à-dire, qu'ils sont faits pour l'œil et l'oreille, plutôt que pour le cœur et l'esprit. Les traduire littéralement, ou les rédiger pour le théâtre Français, seroit une peine perdue.

LE TRADUCTEUR.

PERSONNAGES.	ACTEURS.
JUPITER.	M. Hoffmann.
JUNON.	Mad. Welner.
TARKÉLÉON, esprit malfaisant.	M. Reiner.
BELLAMO.	M. Walter.
PHILANIE.	Mad. Reiner.
MÉTALLIO, preneur de vipères.	M. Kindler.
GIGANIE, sa femme.	Mad. Luders.
AGATHOS, CALOS, } Génies bienfaisans.	

La scène se passe dans l'île d'Arcadie.

TRADUCTION ABREGÉE
DU
MIROIR D'ARCADIE,

Opéra héroï-comique allemand en quatre actes et en prose.

ACTE PREMIER.

SCENE PREMIERE.

Bellamo, seul sur une île, invoque les dieux de lui envoyer une femme, qui puisse sympathiser avec lui. Un chœur lui répond que les dieux ont exaucé ses prières.

Philanie paroît; elle est désolée d'être abandonnée de ses amis et de ses parens. — A la fin, elle est touchée des charmes de Bellamo, et tous les deux se jurent une fidélité éternelle.

(*Ils sortent*).

SCENE II.

Gigane les voit sortir, et ne pouvant pas concevoir comment ses gens sont venus sur cette île; elle les talonne pour examiner la chose plus strictement.

SCENE III.

Metallo cherche sa femme, et s'ennuie d'être éloigné d'elle. — Il chante que le goût des hommes pour les femmes est différent, et finit par dire qu'il se contenteroit bien si toutes les femmes lui appartenoient.

SCENE IV.

Gigane trouve son mari, et lui raconte qu'elle a vu un homme beau comme un ange. La musique annonce l'arrivée de Jupiter, et les deux époux se cachent.

SCENE V.

Jupiter et les deux Génies. Ils chantent qu'ils sont venus ici pour rendre les hommes heureux. Jupiter dit aux génies qu'un esprit malin s'efforce envain à désunir les quatre hommes qui demeurent ici.

(Ils se déguisent en paysans , et sortent).

SCENE VI.

Métallio , jaloux de l'homme inconnu , se propose de lui lier les mains et les pieds , pour le livrer à Tarkéléon.

SCENE VII.

Bellamo prend Métallio pour une bête féroce , et veut le tuer.

SCENE VIII.

Giganie vient à son secours. Ils se proposent de vivre fraternellement ensemble , et Bellamo sort après avoir chanté les louanges de son épouse.

SCENE IX.

Giganie , jalouse de la belle inconnue , propose à son mari de se séparer de cette compagnie , mais Métallio persiste à la voir.

SCENE X.

Bellamo revient , et prie les deux époux de s'éloigner pour surprendre son amante par leur présence.

(Gig. et Met. sortent).

SCENE XI.

(*Quatuor*).

Bellamo et Philamie , protestations d'amour. Giganie et Metallio (éloignés) répètent toujours les dernières paroles , jusqu'à ce qu'ils paroissent sur la scène.

Fin du premier acte.

ACTE II.

SCÈNE PREMIERE.

Jupiter commande aux deux Génies d'offrir aux insulaires des paniers remplis d'herbes, qui, plantées par des mains pures, produiroient des hommes.

(Ils sortent).

SCENE II.

(Air).

Tarkéléon, altéré du sang des hommes, dit que leurs gémissemens feroient son plaisir.

(Il sort).

SCENE III.

Bellamo, Philamie, Metallio et Gigarie. Les femmes entrent dans un berceau. Metallio raconte à Bellamo l'histoire de son maître. Il séjourne, dit-il, dans une forêt isolée, et environnée d'un fleuve rapide. Douze canaux croisent cette forêt : à l'embouchure de chacun, on trouve un petit bateau pour attirer les hommes. Il y a une tour sur laquelle on peut voir toute la contrée. Aussitôt qu'il apperçoit de loin un vaisseau, il touche un ressort d'acier ; après quoi les voyageurs entendent une si douce harmonie d'instrumens, qu'ils ne peuvent s'empêcher de faire voile vers elle, et ceux qui suivent cet attrait, sont perdus. J'ai été attiré de la même manière ; mais je crois devoir la conservation de ma vie à ma femme, qui n'est pas indifférente à cet esprit malfaisant. — Je lui suis échappé aujourd'hui, et me voilà ici en sûreté ; car il ne peut nuire que sur la mer, et principalement sur ses propres eaux.

SCENE IV.

Les Précédens, Philamie et Gigarie. On admire le berceau.

SCENE V.

Les deux Génies offrent aux précédens les herbes qu'ils acceptent.

SCENE VI.

Les Précédens (sans les Génies).

Tous sont étonnés de ce qu'ils ont vu et entendu. Métallio se réjouit d'avance de voir bientôt de jolies femmes.

(*Bell., Met. et Gig. sortent*).

SCENE VII.

(*Air*).

Philanie. Elle est inquiette de se voir sans son époux.

SCENE VIII.

Philanie, Tarkeléon. Il lui dit qu'il s'est écarté, et qu'il ne peut trouver, ni ses compagnons de voyage, ni son vaisseau. Je viens de Thessalie, où j'ai reçu l'ordre de ne retourner que lorsque je ramenerois la fille du roi, qui lui a été enlevée. Il finit par persuader Philanie de le suivre.

SCENE IX.

Métallio, les Précédens. Métallio reconnoît Tarkellon; et après avoir averti Philanie du danger éminent, il le chasse. Philanie, pleine de reconnoissance, et presque hors d'elle-même, baise souvent les mains de Métallio, qui la prie autant de fois de finir, en l'assurant que ses baisers se font sentir jusqu'à la moëlle de ses os.

(*Ils sortent*).

SCENE X.

Les deux Génies rendent compte à Jupiter de leur mission.

SCENE XI.

Philanie, Bellamo, Giganie et Mettallio. Ils plantent les herbes. Métallio ne desire que de jolies femmes, et Giganie que de beaux et jeunes hommes.

SCENE XII.

Jupiter et les deux Génies se réjouissent de voir la terre plantée d'hommes.

JUNON descend, et souhaitant que Jupiter ne se repente pas de son projet, se change en paysanne.

(*Ils sortent*).

SCENE XIII.

TARKÉLÉON attache deux bouteilles à un arbre, en disant: Ce breuvage troublera le repos des hommes, ennivrés par ce vin ensorcelé ; l'un sera le bourreau de l'autre.

(*Il sort*).

SCENE XIV.

PHILANIE, BELLAMO, METALLIO et GIGANIE brûlent de soif; et voyant les bouteilles attachées à l'arbre, ils veulent en boire, mais. . . .

SCENE XV.

Les DEUX GÉNIES les en empêchent, en leur offrant du lait qu'ils boivent.

SCENE XVI.

LES PRÉCÉDENS desirent de voir leur île peuplée.

SCENE XVII.

JUPITER, JUNON, et les DEUX GÉNIES sont curieux de voir l'étounement des insulaires, quand ils verront sortir des plantes, des hommes comme eux.

SCENE XVIII.

Les PRÉCÉDENS, PHILANIE, BELLAMO, METALLIO et GIGANIE. La création des hommes. (*Quatuor*). On prie les dieux d'animer ces hommes.

SCENE XIX.

TARKELEON leur offre à boire et à manger; JUPITER, JUNON et les DEUX GÉNIES les avertissent de n'en point manger ni boire : leur conseil n'est pas suivi. Les hommes et les femmes deviennent enragés, et menacent Métallio et Giganie de les déchirer, s'ils ne leur donnent plus rien à manger. Tarkeléon est foudroyé dans un abyme, et les autres se prosternent pour adorer Jupiter.

Fin du second Acte.

ACTE III.

SCENE PREMIERE.

CHŒUR des ouvriers qui battent le blé.

SCENE II.

MÉTALLIO badine avec les ouvriers.

SCENE III.

PHILAMIE cherche son Bellamo ; elle invoque Junon d'avoir pitié d'elle.

SCENE IV.

JUNON lui dit qu'elle retrouvera son époux.

SCENE V.

METALLIO devient amoureux de Junon ; il conseille aux ouvriers, qui ne sentent que la faim, d'enfoncer la porte de Jupiter. Philamie et Ballamo les grondent, en leur disant de se repentir de ce qu'ils ont dit. Jupiter leur envoie quelque chose à manger.

SCENE VI.

MÉTALLIO demande un baiser à Junon. — Ballamo assigne à chaque ouvrier une place pour son travail. (*Choeur*) : Travaillons au temple des dieux, etc.

(*Ils sortent*).

SCENE VII.

MÉTALLIO vide les bouteilles que les ouvriers ont laissé sur la table. — La table disparoît.

SCENE VIII.

Tarkéléon donne un miroir à Métallio, qui, attaché à son col, a la propriété de faire que toutes les femmes le prennent pour leur amant ou époux; car il lui donne la figure de celui qu'elles aiment : il est délivré d'elles aussitôt qu'il le tourne. Métallio en est ravi, et se propose de faire plusieurs essais de ce miroir magique.

SCENE IX.

Philanie prend Métallio pour son époux. Bellamo en enrage. (*Duo*). Philanie reconnoît son Bellamo, qui l'abandonne désespérée.

Fin du troisième acte.

ACTE IV.

SCENE PREMIERE.

Giganie prend son mari pour Bellamo. Métallio tourne le miroir. Giganie se tire de l'embarras, en chantant que les femmes aiment le badinage, etc.

SCENE II.

Metallio choisit Junon pour son amante.

SCENE III.

Philamie, désolée, maudit Tarkéléon, et pleure l'absence de son époux.

SCENE IV.

Junon prie Jupiter de ne pas laisser succomber Philanie : Jupiter lui répond qu'elle a deux chemins à choisir; l'un qui conduit au bien, et l'autre au mal.

SCENE V.

Ballamo, croyant son épouse infidelle, ne desirent que la mort : Jupiter et Junon le consolent.

SCENE VII.

MÉTALLIO conseille à Junon d'envoyer son mari dans la forêt la plus éloignée, et lui fait une déclaration d'amour. Se voyant méprisé, il attache le miroir à son cou, qui ne fait pas le moindre effet, dont il est très-étonné. (*Air*) Son cœur bat comme le battant d'une cloche, etc.

FINALE.

BELLAMO cherche sa Philanie; Jupiter et Junon lui disent qu'elle a couru vers le chemin qui conduit au mal; mais qu'elle sera délivrée des mains de Tarkéléon.

(***)

TARKÉLÉON voit Philanie. Il l'attire. Philanie descend dans un bateau.

(***)

MÉTALLIO, accompagné des femmes des ouvriers, leur promet des perles et des diamans.

(***)

PHILANIE, entrée dans le sallon des furies, en est effrayée. Tarkéléon se découvre.

(***)

MÉTALLIO, environné des femmes des ouvriers, entre dans le même sallon, et risque d'être déchiré par elles, parce qu'elles voient qu'il les a trompées.

(***)

BELLAMO retrouve sa Philanie, et Tarkéléon est plongé dans l'enfer par Jupiter.

NOTA. *Les trois étoiles signifient les changemens à vue.*

FIN DU QUATRIEME ET DERNIER ACTE.

AVIS.

Le citoyen HAUSNER, ci-devant professeur des langues Allemande et Angloise, à l'Ecole centrale du département du Bas-Rhin, traducteur à la Société des artistes dramatiques allemands, auteur de plusieurs ouvrages allemands, et compositeur d'un Dictionnaire Anglois phraséologique, analysé dans la Décade phil. pol. et litt., feuille 13, an VII, enseigne ici l'Allemand et l'Anglois. Il demeure aux trois Maures rue du Hurpoix, n°. 14, près le Pont Saint-Michel.

www.ingramcontent.com/pod-product-compliance
Lightning Source LLC
LaVergne TN
LVHW010344230826
846091LV00009B/4028

9782016123836